(Je commence à lire)

ISBN 2-203-11135-6

TIENS TOI BIEN !

texte et illustrations

Anne-Laure Witschger

Je mange avec mes doigts

parce que c'est bon.

Comme ça après je peux

sucer mes doigts.

« TIENS-TOI BIEN ! »

Papa dit que je mange comme un petit cochon sale.

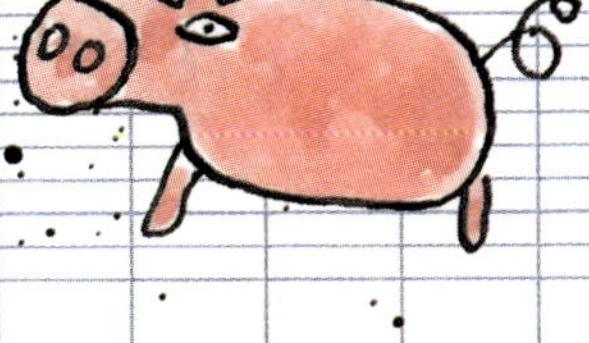

Quand je souffle dans l'eau de ma tasse,

je dis que je fais le sous-marin.

tiens-toi bien !”

Maman dit que c'est dégoûtant de boire comme ça.

J'aime bien les petits pois parce qu'
c'est tout vert et que ça roule
très bien. Je m'amuse à faire

des parcours autour de mon assiette
avec un petit pois et mon doigt.

« Tiens-toi bien ! »

Maman dit que les petits pois ne sont pas des billes et qu'il ne faut pas jouer avec la nourriture.

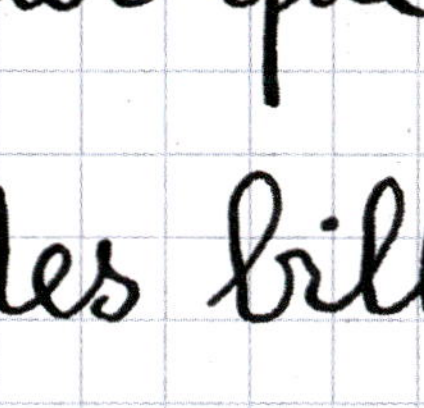

Quand je suis fatigué, je mets

ma main pour tenir ma tête.

« TIENS-TOI BIEN ! »

Papa dit que la tête tient toute seule sur les épaules.

Les spaghettis à la tomate, c'est bon et ça s'aspire pour les manger.

Mais le spaghetti est très long quelquefois
alors il y a de la tomate qui va partou

« Tiens-toi bien ! »

Papa dit que si je continue,
je vais aller finir mes spaghettis
tout seul à la cuisine.

Dans mon nez j'ai des petites crottes qui me chatouillent.

Alors avec mon doigt je les attrape.

« tiens-toi bien ! »

Et Maman me mouche et ça fait mal.

La soupe brûle la langue. Alors je souffle

très fort dans la cuillère pour faire du froid.

« TIENS-TOI BIEN ! »

Maman dit que j'en mets partout escprès.

Je cache mes mains

sous la table

pour m'amuser.

« TIENS-TOI BIEN ! »

Papa dit que je suis encore en train de préparer une bêtise.

Avec ma fourchette et ma cuillère

je fais de la jolie musique contre mon verre et mon assiette.

« Tiens-toi bien ! »

Papa et Maman me disent d'arrêter ce tintamarre insupportable et que je vais finir par casser la jolie vaisselle.

A table je suis toujours le plus petit. Alors pour être grand comme Papa

je mets mes pieds sur la chaise comme un coussin

« tiens-toi bien ! »

Papa dit que les chaises ont des trous à cause de moi.

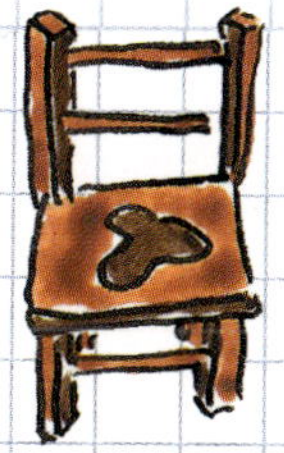

La banane c'est presque du chewing-gum ; ça colle à la bouche

mais ça ne fait pas bien des bulles.

« TIENS-TOI BIEN ! »

Maman dit que je dois arrêter de faire toujours le singe.

Et puis un jour j'ai fait la momie

pour me tenir bien.

Alors Maman a dit qu'elle allait faire le gâteau au chocolat que je préfère et Papa a dit que je pourrais le manger comme je voulais...

Imprimé en Belgique par Casterman, S.A., Tournai
Dépôt légal : mars 1998 ; D. 1998/0053/102.
Déposé au ministère de la Justice, Paris (loi n° 49.956 du 16 juillet 1949
sur les publications destinées à la jeunesse).